Carnets de Montréal

... de A à Z, en mots et en images

Aquarelles de Raynald Murphy
Textes de François Barcelo

Carnets de Montréal

... de A à Z, en mots et en images

Catalogage avant publication de Bibliothèque et Archives Canada

Barcelo, François, 1941-

Carnets de Montréal

ISBN 978-2-922265-42-2

1. Montréal (Québec) - Descriptions et voyages. 2. Montréal (Québec) - Anecdotes. 3. Montréal (Québec) - Ouvrages illustrés. I. Murphy, Raynald, 1944- . II. Titre.

FC2947.3.B29 2007 917.14'2804 C2007-940073-6

Typographie et mise en pages : Trisha-Jane Esteban, Ardecom
Révision historique : Diane Archambault-Malouin

Distribution pour le Canada:
Diffusion Dimedia
539, boul. Lebeau
Saint-Laurent (Québec) H4N 1S2

LES HEURES BLEUES
C.P. 219, Succ. De Lorimier
Montréal
H2H 2N6

Dépôt légal - Bibliothèque et Archives nationales du Québec, 2007

Les Heures bleues reçoivent pour leur programme de publication l'aide du Conseil des Arts du Canada et de la Société de développement des entreprises culturelles du Québec (SODEC). Les Heures bleues bénéficient du Programme de crédit d'impôt pour l'édition de livres du Gouvernement du Québec, géré par la SODEC.

Une ville, deux regards

Ces carnets présentent deux manières de voir Montréal.

D'une part, par les yeux d'un artiste qui parcourt la ville avec sa trousse d'aquarelle, prêt à croquer sur le vif les immeubles, paysages, gens et objets qui attirent son regard.

D'autre part, avec les yeux d'un écrivain qui cherche dans ses souvenirs et dans les sources les plus diverses ce qui n'aurait pas été trop souvent dit et redit à propos d'une ville où il a vécu pendant plus de cinquante ans.

Ces *Carnets de Montréal* ne prétendent donc pas vous faire connaître Montréal dans sa totalité. Vous n'y verrez ni le stade olympique, ni la Place des Arts, ni la croix du mont Royal, ni le Forum, ni le Centre Bell, ni la nouvelle Grande Bibliothèque, ni bien d'autres lieux et monuments qui font la fortune des imprimeurs de cartes postales.

Il est tout à fait légitime pour l'aquarelliste de représenter les aspects et les détails de Montréal qui lui plaisent, et de choisir des lieux où poser sa planche à dessin et ses couleurs pour travailler avec un minimum de tranquillité et de sécurité.

Pour l'écrivain, il n'est pas non plus question de faire œuvre d'urbaniste ou d'ethnologue, mais plutôt de parler des aspects de Montréal qui lui parlent, à lui — des plus banals aux plus incongrus —, ainsi que des rapports qu'il a entretenus avec cette ville à différentes époques de sa vie.

C'est pourquoi nous avons choisi l'ordre alphabétique, quasiment aléatoire, plutôt qu'un ordre résolument logique — thématique, chronologique ou géographique. Cela nous a forcés à tricher quelque peu. Pas question, par exemple, de mettre dans la lettre S tous les lieux de Montréal dont le nom commence par Saint. Cela n'aurait pas laissé grand-chose aux autres lettres de l'alphabet.

Mais cet ordre désordonné vous présente notre ville comme nous l'avons découverte nous-mêmes, au fil des ans : par petites touches d'images et d'anecdotes, sans idée préconçue. Un peu comme apprend à la connaître la personne qui naît ici — ou qui y arrive, que ce soit pour quelques jours ou pour la vie.

N.B. Lorsque nous mentionnons des points cardinaux, nous utilisons les désignations conventionnelles des Montréalais, même si l'observation d'une boussole montre clairement que le Nord véritable est bien plus à l'est qu'à tout autre point de la rose des vents.

Ahuntsic

Merci, Ahuntsic!
Grâce à lui et à son A initial, nous pouvons rendre hommage aux premiers habitants de Montréal dès les premières pages de ce livre. Sans lui, ce n'aurait pas été facile, car il reste bien peu de vestiges de la présence autochtone dans la métropole du Québec, pourtant fondée en 1642 dans le but d'évangéliser et soigner ceux qu'on appelait alors les «sauvages».

À preuve, la bourgade d'Hochelaga, découverte en 1535 par Jacques Cartier, premier Européen à mettre le pied dans notre île. Elle avait déjà disparu lorsque le futur fondateur de Québec, Samuel de Champlain, est venu faire son tour sept décennies plus tard. Et le nom d'Hochelaga désigne maintenant un quartier qui n'est sans doute pas du tout là où était l'ancien Hochelaga. Pire encore : le quartier Hochelaga-Maisonneuve se fait de plus en plus souvent appeler HoMa. Le nom d'Hochelaga risque donc de disparaître totalement de notre mémoire collective.

Souhaitons qu'Ahuntsic (prononcer Onn'tsic) aura plus de chance. Bien que certains soutiennent que ce nom est une déformation du surnom Auhaitsique que les Hurons auraient donné à un jeune Français, je préfère croire qu'il s'agissait bel et bien d'un Amérindien, comme on me l'a appris quand j'étais enfant habitant ce quartier. Ce qui est sûr, c'est que ce jeune homme n'a eu qu'une courte vie. Il s'est noyé en 1625 dans la rivière des Prairies (ne cherchez pas de prairies sur ses rives, elle doit son nom à un monsieur des Prairies qui s'y est égaré en 1610 alors qu'il croyait explorer le fleuve Saint-Laurent). Ahuntsic servait de guide à un prêtre récollet, Nicolas Viel. Ils se noyèrent tous les deux lorsque leur canot se renversa dans le Grand Sault, une des trois séries de rapides qui rendaient périlleuse la navigation dans la rivière. C'est pour rappeler la mémoire de ce prêtre que le Grand Sault fut bientôt rebaptisé Sault-au-Récollet, qui donna éventuellement son nom à une petite ville sur sa rive.

Ahuntsic, lui, céda le sien à ce qui est devenu un joli quartier enjolivé de grands parcs au bord de l'eau. Plus récemment, on a réuni plusieurs quartiers limitrophes (y compris l'ancienne ville de Sault-au-Récollet) pour former un arrondissement qu'on a nommé Ahuntsic-Cartierville.

Le nom d'Ahuntsic survit donc. Espérons seulement qu'il ne connaîtra pas le même malheur que Hochelaga et que personne n'aura jamais la mauvaise idée de rebaptiser l'arrondissement AhunCar (prononcer Onn'car).

Un coin de campagne à Montréal : la croix de chemin du boulevard Gouin, près du boulevard Bois-de-Boulogne, dans le quartier Ahuntsic.

Ahuntsic

D'Ahuntsic, je ne sais presque rien.
Peut-être était-il Amérindien,
Sans doute jeune et intrépide.
Il s'est noyé dans des rapides
Qu'on a nommés Sault-au-Récollet,
Car le missionnaire qu'il guidait
S'est aussi noyé, avec lui,
Dans la rivière des Prairies.
Et on a gardé le nom d'Ahuntsic
Pour un quartier fort sympathique,
Le long de cette belle rivière
Qui a mis fin à sa carrière.

Dans la rivière des Prairies, à Ahuntsic, la petite île Perry offre cette vue du parc de la Merci et de l'hôpital Notre-Dame-de-la-Merci, dans la bien plus grande île de Montréal.

Notre-Dame-de-Bonsecours

Je ne suis entré qu'une fois dans cette chapelle. J'avais onze ans et nous venions d'apprendre que mon frère aîné était atteint de leucémie, une maladie alors mortelle. Dans l'espoir de le sauver, mon père avait décidé que nous ferions une série de brefs pèlerinages dans plusieurs églises de Montréal. Dont cette ancienne chapelle des marins, au nom si prometteur. De cette unique et lointaine visite, j'ai gardé le souvenir des jolies lampes en forme de bateau suspendues dans la nef. Et surtout des nombreux ex-voto ornant les murs.

J'y serais sûrement retourné souvent si le ciel avait voulu que nous en ajoutions un pour le remercier de la guérison de Louis Barcelo.

La vieille chapelle Notre-Dame-de-Bonsecours, rue Saint-Paul, dans le Vieux-Montréal.

Voisins du marché Bonsecours, des artisans de la rue Saint-Paul affichent leurs couleurs pour attirer les visiteurs du Vieux-Montréal.

RAYNALD MURPHY SCA

Nos cathédrales

Ne les comparez pas à Notre-Dame de Paris,
Milan, Chartres, Cologne ou Salisbury.
Nos cathédrales à nous sont plus nouvelles.
Et si elles ne sont peut-être pas les plus belles,
Les plus anciennes ou les plus hautes,
Les nôtres valent bien les autres,
Car on y prie, on y baptise, on s'y marie,
Peut-être moins souvent qu'avant,
Mais avec la même ferveur, sûrement,
Que dans celles de France et d'Italie.

Une paire de reines, vues de la rue Peel près du boulevard René-Lévesque : la cathédrale catholique Marie-Reine-du-Monde, avec l'hôtel Reine-Elizabeth en arrière-plan, à droite.

Nos cathédrales catholiques

Montréal détient-il le record mondial du nombre d'églises au kilomètre carré ? Cela ne m'étonnerait pas, puisqu'on se demande maintenant ce qu'on pourrait faire des temples désertés. Par contre, nous n'avons pas abusé des cathédrales : une dizaine à peine, généralement deux à la fois — une protestante et une catholique. Voici leur histoire, en commençant par la plus imposante : la catholique, vous l'aurez deviné.

Nommée Marie-Reine-du-Monde en rappel des origines mariales de Ville-Marie, il s'agit de notre sixième cathédrale catholique.

Pourtant, Montréal n'a pas sa cathédrale depuis si longtemps, puisqu'une ville doit d'abord avoir un évêque, et la nôtre a pendant presque deux siècles relevé du diocèse de Québec.

En 1821, Mgr Lartigue est devenu le premier évêque de Montréal. Il n'était qu'auxiliaire, et Montréal continuait de relever de Québec. Nous n'en avions pas moins enfin droit à une cathédrale. L'évêque élut d'abord l'église Notre-Dame comme siège épiscopal, mais ne put l'utiliser que quelques jours, à cause d'un conflit avec ses propriétaires, les prêtres de Saint-Sulpice, dont nous parlerons plus longuement à la lettre *S*. Il dut se contenter de la chapelle de l'Hôtel-Dieu, qui était alors sise rue Saint-Joseph, dans le Vieux-Montréal.

Quatre ans plus tard, il bénissait une cathédrale toute neuve, déjà notre troisième, près des rues Sainte-Catherine et Saint-Denis, sous le vocable de Saint-Jacques-le-Majeur. Cette église n'allait toutefois devenir cathédrale de plein droit qu'en 1840, lorsque Rome consentit enfin à constituer le diocèse de Montréal.

En juillet 1852, le plus désastreux incendie de notre histoire rasait Saint-Jacques-le-Majeur et mille deux cents autres bâtiments. L'évêque se retrouva sans abri, comme quinze pour cent de la population de Montréal. Et la chapelle de l'Asile de la Providence, fidèle à son nom, devint provisoirement notre quatrième cathédrale, là où se trouve maintenant le parc Émilie-Gamelin.

Pressentant que le centre de la ville allait se déplacer vers l'ouest, la corporation épiscopale fit peu après l'acquisition du terrain du cimetière catholique de Montréal (qui déménagea à la Côte-des-Neiges), pour y construire une chapelle temporaire qui fut pendant quarante ans notre cinquième cathédrale.

Le deuxième évêque de Montréal, Mgr Bourget, décida de faire de sa future cathédrale une réplique à échelle réduite de la basilique Saint-Pierre de Rome et envoya l'architecte Victor Bourgeau en Italie, pour y examiner l'original. Bourgeau traça des plans, mais jugea que la basilique du Vatican ne devait être ni copiée ni réduite.

Vue d'un autre angle, en une autre saison : la cathédrale Marie-Reine-du-Monde. À l'arrière-plan : l'immeuble de la Sun Life, qui fut longtemps le plus haut bâtiment du Commonwealth britannique.

Mgr Bourget s'adressa alors au père Joseph Michaud, architecte autodidacte, qui partit pour Rome à titre d'aumônier du deuxième contingent de zouaves pontificaux de Montréal (envoyés en 1868 pour combattre les troupes de Victor-Emmanuel II qui assiégeaient le Vatican; ils n'eurent pas l'occasion de se battre, mais gagnèrent le droit, à perpétuité, de faire gras le vendredi). Le père Michaud avait aussi une mission secrète : étudier la basilique Saint-Pierre. De retour au pays, il construisit une maquette de quinze pieds de longueur de la future cathédrale — que les ouvriers utilisèrent comme guide, de préférence aux plans, de lecture plus difficile. Et Bourgeau consentit à superviser les travaux.

La construction de cet édifice, le premier de Montréal à coûter un million de dollars, ne fut totalement achevée qu'en 1900, près de cinquante ans après l'incendie du bâtiment qu'il remplaçait.

Parmi ses visiteurs les plus illustres, on peut mentionner Mgr Giovanni-Battista Montini, futur pape Paul VI, en 1951. Et, en 1969, le cardinal Karol Wojtyla, qui y revint quinze ans plus tard sous le nom de Jean-Paul II.

J'ajoute, plus humblement, que mon premier mariage a été célébré dans la petite chapelle latérale de la cathédrale. Il me semble que ce devait être en 1961 ou 1962.

Rue Sainte-Catherine, entre la rue University et l'avenue Union, se dresse la cathédrale anglicane Christ Church.

Nos cathédrales anglicanes

L'histoire des cathédrales anglicanes de Montréal n'est guère plus simple que celle des catholiques.

Tout de suite après la Conquête de 1760, les partisans de l'Église d'Angleterre ont commencé — humiliation suprême, même si je ne saurais dire pour qui — par célébrer leurs messes dans la chapelle de l'Hôtel-Dieu, puis dans celle des récollets. En 1789, la communauté anglicane faisait l'acquisition d'une église ayant appartenu aux jésuites et l'appelait Christ Church, mais cette église fut détruite par un incendie en 1803. Pendant les onze années suivantes, la communauté se réunit à l'église presbytérienne St. Gabriel, jusqu'à l'ouverture de la deuxième église Christ Church. En 1850, le diocèse anglican de Montréal était fondé et Christ Church devenait sa cathédrale mais était réduite en cendres six ans plus tard.

La nouvelle cathédrale, toujours nommée Christ Church, fut achevée en 1859, et consacrée en 1867.

Elle est encore là, mais son clocher de pierre central trop lourd inclinait de plus d'un mètre vers le sud. Il a fallu l'enlever en 1927 et le remplacer par un clocher en aluminium.

Dans les années 1980, une tour à bureau de trente-trois étages a été érigée dans le même quadrilatère et on a aménagé une galerie de boutiques sous les fondations de la cathédrale.

Il faut reconnaître que les anglicans de Montréal ont eu plus d'humilité que les catholiques, puisque leur cathédrale de style néo-gothique n'imite pas St. Paul de Londres, mais s'inspire de l'église de la paroisse de Snettisham, à Norfolk, en Angleterre.

Dans le quartier chinois, un touriste prend un moment de répit près de la Mission catholique chinoise, sur la rue de La Gauchetière, entre le Palais des congrès et le complexe Guy-Favreau.

Sur le boulevard Saint-Laurent, deux portes, érigées en 1990 par des artisans venus de Chine, marquent les limites du quartier chinois. Celle-ci est à l'angle de l'avenue Viger. L'autre se dresse au coin du boulevard René-Lévesque.

Sur la rue de la Commune, des boîtes à fleurs et la corolle d'un auvent rajeunissent des vieux murs.

Avant de rappeler que ce terrain sur la rive du Saint-Laurent a d'abord servi au pâturage et à la culture sous le régime français, la rue de la Commune s'est longtemps appelée rue des Commissaires, en hommage aux commissaires du port de Montréal, qui siégeaient dans cet élégant immeuble.

Le square Dorchester

Le square s'est d'abord appelé «carré Dominion », à l'époque où le Canada voulait s'affirmer comme pays quasiment indépendant et où les Québécois détestaient encore plus que maintenant utiliser des mots à consonance anglaise.

Avant d'être un parc, il avait été un cimetière protestant. Y furent inhumées, entre autres, les victimes de l'épidémie de choléra de 1832. Trop petit, le cimetière fut déménagé sur le mont Royal.

Le parc porte maintenant le nom de square Dorchester.

Il a échappé au sort du boulevard du même nom qui longe son extrémité sud et qui est devenu René-Lévesque, peu après le décès du héros des souverainistes du Québec. Pas sur toute sa longueur, toutefois, puisque le maire de Montréal avait négligé de consulter son homologue de Westmount, qui conserva au boulevard le nom de Dorchester sur les six cents mètres qu'il parcourt dans sa ville.

Mais revenons à notre square, joli parc meublé de plusieurs monuments, dont un commémore la participation du Canada à la guerre des Boers, à laquelle les Canadiens français s'étaient farouchement opposés. Sans doute jugeaient-ils que le sort de ces descendants de Néerlandais opprimés par l'Empire britannique n'était pas sans ressemblance avec le leur.

Pour les amateurs de chiffres, ou pour quiconque refuse de croire qu'on trouve vraiment tout et n'importe quoi dans Internet, rappelons que la pierre du piédestal, importée du Vermont, est une granodiorite de couleur gris pâle, de grain fin à moyen (1 à 5 mm) et de composition très homogène : 35% oligoclase, 27% quartz, 21% microcline, 9% biotite, 6% muscovite et minéraux accessoires de zircon, apatite, sphène et opaque.

Moment de détente : dans le square Dorchester, près de la rue Peel et du boulevard René-Lévesque, les travailleurs des bureaux environnants font une pause devant le monument de la guerre des Boers.

Des autocars attendent les amateurs de circuits touristiques près du Centre Infotouriste de Montréal, situé à l'extrémité du square Dorchester.

L'édifice Ernest-Cormier

Drôle de carrière, que celle de ce bel immeuble à colonnade qui a changé de nom chaque fois qu'il changeait de vocation.

À son ouverture, en 1926, on l'a appelé, sans beaucoup d'imagination, nouveau palais de justice. Longtemps, cela suffit à le distinguer de celui qu'on appela désormais l'ancien palais de justice et qui continua de servir pour les procès de droit civil alors que les procès de droit criminel étaient confiés au nouveau.

Lorsqu'un nouveau nouveau palais de justice, beaucoup plus grand et surtout beaucoup plus haut et moderne que les deux premiers, ouvrit ses portes tout près de là en 1972, il fallut bien trouver un nouvel usage à l'ancien nouveau palais de justice. Les Archives nationales du Québec y logèrent de 1974 à 1987 et les Conservatoires de musique et d'art dramatique, de 1975 à 2001. En 2005, l'édifice a retrouvé sa vocation d'origine, puisqu'il abrite la Cour d'appel du Québec à Montréal.

Cette fois, quelqu'un a eu la brillante idée de lui donner un nom sans rapport avec son usage. Le bâtiment porte désormais (et pour toujours, souhaitons-nous) le nom d'un des trois architectes qui l'ont conçu.

Pourquoi Ernest Cormier plutôt que Louis-Auguste Amos ou Charles Jewett Saxe ? Sans doute cet architecte et ingénieur, concepteur de plusieurs des bâtiments qui ont marqué l'histoire de l'architecture en notre pays, notamment l'Université de Montréal et la Cour suprême du Canada à Ottawa, méritait-il le plus cet hommage.

Un des nombreux palais de justice de Montréal : l'édifice Ernest-Cormier, où loge maintenant la Cour d'appel du Québec, rue Notre-Dame, près du boulevard Saint-Laurent.

Le visage français de Montréal

Je tiens à rassurer les jeunes d'aujourd'hui qui ont l'impression que Montréal perd son cachet français : c'était bien pire du temps de ma jeunesse, avant les règlements sur l'affichage extérieur proposés par la loi 101. Les panneaux-réclames étaient en anglais plus souvent qu'à leur tour. Et beaucoup d'immeubles — sauf peut-être dans les quartiers résolument francophones — étaient identifiés uniquement en anglais.

La publicité extérieure anglophone est maintenant presque totalement interdite. Mais il subsiste encore des inscriptions en anglais au fronton de nombreux bâtiments — et en particulier des banques.

En effet, les banquiers d'autrefois, comme ceux d'aujourd'hui, avaient tendance à croire que l'institution qu'ils dirigeaient allait durer éternellement. Ils n'hésitaient donc pas à faire graver dans la pierre, fondre dans le bronze ou couler dans le béton le nom de celle-ci à l'entrée de chaque succursale.

Mais les banques changent de raison sociale, fusionnent ou disparaissent au fil des ans. Les plaques de bronze ont été déboulonnées ou remplacées. Il est moins facile d'effacer des inscriptions dans la pierre ou le béton. Ainsi, en regardant bien et un peu vers le haut, on peut trouver à Montréal, en devanture de commerces les plus divers, des noms de banques aujourd'hui disparues.

Mon inscription désuète préférée, fréquemment visible pour quiconque examine bien le fronton d'immeubles au coin des artères commerciales, est bilingue : *La Banque d'Épargne de la Cité et du District de Montréal — The Montreal City and District Savings Bank*. Elle est devenue anachronique lorsque cette banque a décidé de s'appeler plus simplement Banque Laurentienne, vocable mieux adapté aux exigences de la communication moderne.

En regardant encore mieux, on constate que certaines de ces inscriptions, uniquement en anglais, mais difficiles à effacer, rappellent discrètement que l'affichage en français n'avait guère sa place dans notre ville à une époque pas si éloignée. Et ce, même à l'est du boulevard Saint-Laurent, longtemps frontière linguistique officieuse.

La cheminée d'une grande et ancienne brasserie, visible sur la droite lorsqu'on emprunte le pont Jacques-Cartier depuis Montréal, offre de cette réalité un autre témoignage tangible. Francisation oblige, la brique blanche des lettres qui identifiaient la Molson's Brewery a été partiellement remplacée par des briques presque du même brun que le reste de la cheminée, pour faire sauter l'apostrophe et les huit dernières lettres.

Montréal français : rue Notre-Dame, en face de la Maison de Radio-Canada dont on aperçoit ici quelques camions, les bâtiments et la cheminée de la Molson's Brewery se sont francisés en s'identifiant plus simplement comme ceux de la brasserie Molson.

MOLSON
RAYNALD MURPHY SCA

Guaranteed Pure Milk

Cette bouteille géante, haute de 9,8 mètres et construite en 1932, n'a jamais contenu de lait. C'était plutôt le château d'eau (d'une capacité de 295 000 litres) de la Guaranteed Pure Milk Company, laiterie sise rue de l'Aqueduc (rebaptisée Lucien-L'Allier en l'honneur de ce directeur des Travaux publics de Montréal, qui avait dirigé la construction du métro ainsi que les travaux d'aménagement d'Expo 67). La laiterie a cessé ses activités en 1990, mais le château d'eau est resté.

La Cité du commerce électronique, nouvelle propriétaire de l'immeuble sur lequel se dresse la bouteille septuagénaire, souhaitait faire disparaître la laiterie désaffectée. Elle en a reçu l'autorisation, à condition de conserver la bouteille de lait considérée par plusieurs Montréalais comme partie essentielle de leur patrimoine. Au moment d'écrire ces lignes, on parle de la restaurer. Espérons qu'elle l'aura été au moment où vous les lirez.

Cette pinte de lait colossale est l'ancien château d'eau de la laiterie Guaranteed Pure Milk, au 1025 de la rue Lucien-L'Allier.

RAYNALD MURPHY
SCA

Lait garanti pur

Drôle de sculpture, que cette bouteille de lait.
Une bouteille de vin, ce ne serait pas moins laid,
Mais le vin s'achète encore dans des bouteilles de verre,
Alors que pour le lait on a cessé d'en faire,
Le verre laissant la place au plastique et au carton
Aussi sûrement que le vert des pelouses se recouvre de béton.
Même la laiterie qui justifiait sa présence
Est disparue pour cause d'obsolescence.
De plus, c'est une pinte, comme dans l'ancien temps,
Alors que le lait se vend en litres maintenant.
De quoi plaire à ceux qui, contre toute logique,
N'ont toujours pas digéré le passage au métrique.

Sur la rue Notre-Dame, à l'angle de Berri, le lieu historique national Sir George-Étienne-Cartier rend hommage à celui qui, après s'être battu du côté des Patriotes à la bataille de Saint-Denis en 1837, est devenu père de la Confédération en 1867.

Saint-Henri

Avant d'aller plus loin, je dois vous faire un aveu : je n'habite plus Montréal. Depuis quinze ans, je vis à la campagne, à moins d'une heure de la ville, mais au-delà de la banlieue. L'éditeur de ce livre a-t-il préféré en confier la rédaction à un écrivain qui saurait garder une certaine distance avec son sujet? Ce n'est pas impossible.

J'ai toutefois vécu longtemps à Montréal — dans différents quartiers : Ahuntsic, Rosemont, Petite-Patrie, Hochelaga-Maisonneuve, Cartierville et plus récemment le plateau Mont-Royal, à deux pas du parc La Fontaine.

J'arrive à l'âge où j'aurais envie d'être plus près des restaurants, des théâtres, des cinémas, des médecins, des hôpitaux et de tout ce qui peut rendre la vie plus agréable ou moins périlleuse lorsqu'on se rend compte qu'on sera un jour septuagénaire.

Et je retournerai à Montréal avec plaisir, car je m'imagine mal dans une autre ville. J'en ai visité quelques-unes, des grandes comme des petites, et plusieurs avaient leurs charmes. Mais Montréal a pour moi un cachet unique, une tranquille diversité ethnique que je ne ressens pas à Bruxelles ou à Athènes, et un climat idéalement varié (j'aime l'été, l'hiver et les saisons entre les deux) que je ne saurais trouver ailleurs qu'à Saint-Pétersbourg ou Helsinki. Et puis, comme par hasard, c'est la ville où je suis né avant d'y passer la majeure partie de ma vie. De plus, la plupart de mes descendants y habitent. Sans compter que j'ai, comme tout le monde, le droit d'être chauvin.

Oui, mais où, à Montréal? La ville compte des dizaines de quartiers dont chacun a ses charmes et ses avantages.

Eh bien ! c'est tout décidé (à condition bien entendu de trouver un logement qui me convienne à un prix qui m'ira quand je le chercherai) : ce sera Saint-Henri.

Ce fut jadis une ville, et même si c'est aujourd'hui un simple quartier, elle comprend plusieurs secteurs distincts. Opterai-je pour les nouveaux appartements le long du canal Lachine? Pour les belles habitations victoriennes du square Sir-George-Étienne-Cartier ou de la place Saint-Henri? Pour un de ces jolis logements qui bordent les rues ouvrières en voie d'embourgeoisement?

J'ai le temps d'y penser.

Mais je savoure déjà la perspective de faire mes courses au marché Atwater et dans les épiceries de quartier, de pédaler le long du canal Lachine, de vendre ma voiture pour prendre le métro (il y a trois stations à Saint-Henri), de me promener en saluant au passage la statue de Louis Cyr, de fréquenter la maison de la culture Marie-Uguay et les antiquaires de la rue Notre-Dame.

J'espère seulement que, si je vous ai donné le goût de vivre à Saint-Henri vous aussi, vous ne vous hâterez pas d'y déménager en grand nombre avant moi. Cela risquerait de faire grimper les prix.

À Saint-Henri, cette église a connu une destinée peu commune : d'abord église catholique anglophone portant le nom de St. Thomas Aquinas, elle est devenue l'église Saint-Henri lorsque l'église originelle a été démolie au début des années 1970. Elle a fermé ses portes en 2001, pour être transformée, trois ans plus tard, en salle de vente aux enchères par le commissaire-priseur Iégor de Saint-Hyppolite.

RAYNALD MURPHY SCA

Autre destin insolite : le bureau de poste de la ville de Saint-Henri, de style néo-roman, construit en 1893, a été occupé par la Caisse populaire de Saint-Henri de 1949 à 2003 avant de l'être par les bureaux du journal du quartier.

À l'angle de la place Guay et de la rue Agnès, détails architecturaux typiques du Saint-Henri de la fin du dix-neuvième siècle, mais qu'on peut retrouver dans d'autres quartiers de Montréal construits à la même époque.

Rue Laporte, à Saint-Henri : les Montréalais ont toujours apprécié les balcons, ainsi que les escaliers extérieurs, qui sont sans doute la caractéristique architecturale la plus originale de leur ville.

L'hôtel de ville de Montréal, entre les rues Notre-Dame et Saint-Antoine. On dit que son architecture est inspirée du style Second Empire de la mairie de Tours. Son balcon est probablement le plus célèbre de la ville sinon du Québec tout entier.

RAYNALD MURPHY SCA

L'hôtel de ville

Vite : quelles sont, de toutes les paroles prononcées à Montréal, les plus universellement connues?

Non, ce n'est pas le célèbre «Quand bien même tous les arbres se changeraient en Iroquois, je me rendrai à l'île de Montréal.» Ces paroles attribuées à Paul Chomedey de Maisonneuve lorsqu'on lui déconseillait de venir s'établir chez nous ont, de toute évidence, été prononcées ailleurs que dans notre ville.

Ce ne sont pas non plus les paroles prophétiques du père Vimont, dites le 18 mai 1642, à l'arrivée des premiers colons montréalistes : «Ce que vous voyez ici, messieurs, n'est qu'un grain de sénevé, mais je ne doute nullement que ce petit grain ne produise un arbre, qu'il ne fasse un jour des progrès merveilleux, ne se multiplie et ne s'étende de toute part.» Cette citation, que j'ai entendue étant enfant, je l'ai retrouvée récemment sur un monument. Mais peu de gens la connaissent.

Peut-être des vers de la chanson *Suzanne* de Leonard Cohen, ou quelque extrait des *Belles-Sœurs* de Michel Tremblay?

Vous n'y êtes pas du tout. Il s'agit de quatre mots prononcés par le général de Gaulle, le 24 juillet 1967, au balcon de l'hôtel de ville de Montréal. Elles ont fait en quelques heures le tour du monde des journaux télévisés et la première page de centaines de quotidiens.

Si vous ne les connaissez pas, de quelle planète arrivez-vous?

L'hôtel de ville de Montréal, vu depuis la rue Gosford. À l'arrière-plan : le vieux palais de justice, au centre, et le plus nouveau, à droite.

Le centre socioculturel Casa d'Italia, construit en 1936, sur la rue Jean-Talon, près du marché du même nom, au cœur de la Petite Italie de Montréal.

1 La Petite Italie

Savez-vous ce qui faisait le plus rager mon père? Trouver de la correspondance en italien dans son courrier.

Notre nom de famille ayant une consonance italienne, nous recevions souvent de la publicité nous suppliant de financer des orphelinats ou d'autres nobles causes.

C'était pire encore pendant les campagnes électorales. Nous habitions dans un comté fédéral ayant une importante minorité italienne. Mon père pestait contre les libéraux qui nous inondaient de publicité en italien, alors qu'il était convaincu que nous étions d'origine espagnole. (Ce n'était pas vrai, puisque j'ai appris, quelques années seulement avant sa mort, que nous étions plutôt d'origine française, mais je n'ai jamais pu l'en convaincre, sans doute parce que ce n'était pas assez exotique à son goût.) De toute façon, cette publicité italienne ne l'a jamais empêché de voter libéral.

Il n'avait pas toujours détesté les Italiens. Il est possible qu'il ait eu, comme beaucoup de Québécois, certaines sympathies pour Mussolini. Le dictateur n'avait-il pas fait en sorte que les trains arrivent à l'heure?

Je ne sais pas si mon père a vu la plaque de marbre qui rend hommage au *Duce* à l'entrée de la Casa d'Italia, centre social et culturel italien construit dans les années trente. Il me semble qu'il m'a déjà parlé de la fresque qui le représente à cheval, au plafond de l'église Madonna della Difesa, sur la rue Dante, aussi dans la Petite Italie, pour célébrer la signature du traité de Latran avec le Vatican.

Mais je suis sûr que l'italophilie de mon père, si elle a existé, a brusquement disparu dès l'entrée en guerre de l'Italie, quand on a commencé à enfermer des gens, parfois pour le simple crime d'avoir un nom de consonance italienne.

RAYNALD MURPHY

Le pont Jacques-Cartier

Il a été surnommé « pont croche» pour la simple raison qu'il est croche dans le sens québécois du terme, puisqu'il présente, sans justification apparente, une courbe. Ce n'est pas, comme on pourrait l'imaginer, celle qu'on voit clairement dans l'illustration ci-contre et que les ingénieurs ont créée pour des raisons qui m'échappent mais qui étaient sans doute parfaitement justifiées.

Il s'agit plutôt d'un tout petit virage, juste au-dessus du boulevard de Maisonneuve, à quelques dizaines de mètres avant que la chaussée touche le sol sur la rive montréalaise.

Pourquoi cette courbe ridicule? Il y a une explication à son existence. Malheureusement, ce n'est pas une explication très raisonnable. Et, à ma plus grande honte, ma famille en est quelque peu responsable.

Dans les années 1920, quand la Commission du havre de Montréal a décidé de doter Montréal d'un deuxième pont pour relier la rive-sud (le pont Victoria datait déjà de plus de soixante ans), il fallut acheter quelques terrains des deux côtés du fleuve.

Pour garder au pont un tracé rectiligne du côté montréalais, il aurait aussi fallu détruire la fabrique de savon J. Barsalou. Son propriétaire, Hector Barsalou, jugea insuffisante l'offre qu'on lui faisait. On me dit qu'en plus il était libéral alors que ses interlocuteurs étaient conservateurs, mais c'était peut-être le contraire. Les lois d'expropriation de l'époque se révélant insuffisantes pour régler ce litige, on fit faire au pont une courbe pour le moins insolite, qui épargna le bâtiment.

Et ma famille dans tout ça? C'est très simple, vous allez voir.

Le premier de mes ancêtres à traverser l'Atlantique pour s'installer à Montréal vers 1690 s'appelait Gilles Barsalou. Cent ans plus tard, un de ses descendants, Louis, fut baptisé Barsalou à Montréal et devint Barcello lorsqu'il se maria, à Sainte-Scholastique. Sans doute était-il illettré. À moins que son curé n'ait été dur d'oreille. Toujours est-il que ses descendants à lui (moi y compris) adoptèrent le patronyme de Barcelo avec un seul l.

Il m'arrive parfois, mais pas au point de m'empêcher de dormir, de me sentir un peu coupable de ce pont croche, et honteux de l'obstination de mon lointain cousin.

J'essaie de me consoler en songeant que, même si la courbe du pont et le bâtiment qui en est responsable sont toujours là aujourd'hui, le savon Barsalou a depuis longtemps disparu des tablettes des magasins.

Le «pont croche»: le pont Jacques-Cartier, vu de l'île Sainte-Hélène.

MURPHY
SCA

Dans le Vieux-Montréal, la place Jacques-Cartier, entre les rues Notre-Dame et de la Commune, a longtemps été un grand marché public. Aujourd'hui, elle attire les touristes dans ses cafés-terrasses.

Il y a quelques décennies, c'est sur la rue Saint-Jacques (ici à l'angle de la rue Saint-François-Xavier) que logeaient les sièges sociaux de presque toutes les banques canadiennes.

Rue Saint-Jacques, près de la rue Saint-Pierre, l'imposante colonnade de l'ancien siège social de The Imperial Bank of Commerce.

Le luxueux hôtel Le St-James, qui fut d'abord une banque en 1870, est fréquenté par les célébrités — telle la chanteuse Madonna, que notre artiste a eu l'occasion de croquer sur le vif alors qu'elle en sortait.

Temple de la haute finance, la Banque de Montréal, rue Saint-Jacques, en face de la Place d'Armes, avec sa colonnade spectaculaire et son dôme imposant.

Le marché Jean-Talon, au cœur de la Petite Italie, est le plus pittoresque de tous les marchés publics montréalais.

mini SAMI FRUITS
CANTALOUPE
$2.00
3 pour $5.00
ORANGE
SPECIAL
POMMES
$4.00
RAYNALD MURPHY

Kirkland

Pourquoi accorder à Kirkland la lettre K ?
Pour me tirer d'un sérieux embarras.
Les gens de Beaconsfield, Côte-Saint-Luc, Mont-Royal,
Sainte-Anne-de-Bellevue, Pointe-Claire, Dorval,
Baie-d'Urfé, L'Île-Dorval, Montréal-Est,
Dollard-des-Ormeaux, Hampstead, Montréal-Ouest,
Kirkland, Westmount et Senneville
Ne voulaient pas d'une seule ville dans notre île.
Sans penser plus loin que leur nez,
Ils se sont de facto exclus de ces carnets.
Et si je n'avais pas à combler cette damnée lettre K,
Je serais heureux et fier de n'en faire aucun cas.

Le parc La Fontaine

J'avais quatre ou cinq ans, et j'étais allé faire un tour au parc La Fontaine avec mes deux frères. Je supposais sans doute que le parc devait son nom à sa fontaine et non à Louis-Hippolyte La Fontaine, homme politique du dix-neuvième siècle, célèbre pour son discours sur le droit de parler français au parlement du Canada Uni et dont on peut voir le buste dans le parc, près de la rue Cherrier. À moins que j'aie cru que le nom du parc rendait hommage au célèbre auteur de fables.

C'était bien avant le Jardin des merveilles, aménagé en 1957 et aujourd'hui disparu, minijardin zoologique dans un décor inspiré de contes d'enfants. Il y avait néanmoins à cette époque quelques petits animaux dans un coin du parc. Pour des raisons que seul mon psychiatre pourrait expliquer, je me souviens surtout des tortues — reptiles gluants, que je jugeais à la fois fascinants et repoussants. Je me rappelle aussi le petit pont de béton, aux garde-fous imitant le bois de bouleau, qui permettait de passer entre les deux étangs.

J'ai tout à coup perdu mes frères de vue. Je devais pleurer à chaudes larmes ou avoir simplement une allure d'enfant égaré. Quelqu'un m'a amené au poste de police tout près, rue Rachel. Et je me souviens avec délices qu'un agent en uniforme m'a donné une bouteille de Grapette en attendant que mon père vienne me chercher. J'ai encore dans la bouche le souvenir du parfum doucereux de ce soda d'autrefois, au goût de raisin. Il n'est pas absolument impossible que mon penchant parfois immodéré pour le vin rouge date de ce jour-là. En tout cas, je trouve amusant d'en blâmer la police même si elle n'y est pour rien.

C'est aussi le parc La Fontaine qui a fait de moi un joggeur passionné, le temps que ça a duré.

À trente-sept ans, je me suis brisé une cheville lors d'un accident encore plus stupide que l'accident moyen. J'ai gardé la jambe entière dans le plâtre pendant trois mois. Comme j'habitais un des derniers étages d'un immeuble au coin de l'avenue Christophe-Colomb et de la rue Rachel, je passais mes dimanches après-midi sur mon balcon à observer le vol des avions et des goélands.

Et voilà qu'un beau jour de septembre j'ai aperçu des centaines de coureurs à pied arriver par la rue Rachel. C'était — je l'ai appris par le journal — la course annuelle du parc La Fontaine. Et je me suis juré qu'un an plus tard, si je pouvais me débarrasser de mon plâtre, j'y participerais moi aussi.

Au printemps, enfin libéré de mon lourd appareil, je me suis mis à la course à pied. J'ai commencé par faire un tour du parc La Fontaine sur la piste périphérique tracée dans la pelouse par les pas des coureurs. J'en ai bientôt fait deux, puis trois, quatre... jusqu'à huit, pour un total de vingt kilomètres. J'étais accro au jogging. Pendant une dizaine d'années, j'ai couru à Montréal, Paris, Bruxelles et plusieurs autres villes, plus de 40 000 kilomètres (la circonférence de la terre). Et j'ai participé huit ou neuf fois à la course de vingt kilomètres du parc La Fontaine. J'ai même écrit un guide de course à pied à Montréal, qui s'est vendu encore plus mal que mes autres livres et m'a convaincu d'abandonner la rédaction de livres pratiques inutiles. Puis un jour, au Texas, une douleur lancinante, tardif effet de ma vieille cheville brisée, m'a forcé à me recycler en cycliste.

Encore aujourd'hui, chaque fois que je passe près du parc La Fontaine, je ressens ce pincement au cœur qui accompagne souvent le souvenir des exploits qui sont maintenant hors de notre portée.

Un de nos plus jolis parcs, au cœur de Montréal : le parc La Fontaine et sa fontaine, entre les rues Sherbrooke, Rachel, Papineau et avenue du Parc-La Fontaine (qui s'appelle avenue Christophe-Colomb plus au nord et rue Amherst, au sud).

RAYNALD
MURPHY
SCA

Vue panoramique de Montréal, depuis Habitat 67

RAYNALD

Mes grands Montréalais

Il y a quelques années, on a décerné à je ne sais trop combien d'individus le titre de Grand Montréalais. J'en ai vu la liste, que j'ai promptement oubliée.

Il n'empêche qu'aujourd'hui il me prend l'envie de vous donner une liste de Montréalais pour lesquels j'ai ce qui ressemble à de la vénération.

Leonard Cohen, auteur, compositeur et interprète. Un jour, dans un bateau d'Ancône à Patras, un jeune militaire grec en permission m'a affirmé que, de tous les chanteurs du monde, c'était son préféré. Et c'était un excellent choix.

Georges Brossard, fondateur de l'Insectarium. À Penang, en Malaisie, un garçon de restaurant portant un t-shirt de Montréal m'a dit que c'était son ami Georges qui lui en avait fait cadeau.

Camillien Houde, maire de Montréal pendant une quinzaine d'années, entre 1932 et 1954. Quand j'étais enfant, mon père me faisait remarquer les deux lanternes, ornées des armoiries de la ville, chaque fois que nous passions devant sa maison de la rue Saint-Hubert. Je trouve aussi amusant qu'il ait, pendant la Crise économique, fait construire des vespasiennes (toutes fermées depuis) pour donner du travail à ses électeurs. Ceux-ci se hâtèrent d'appeler ces toilettes publiques des camilliennes, ce qui dut faire bien rire cet homme au sens de l'humour aussi grand que son nez était gros. J'admire aussi son courage de s'être opposé en 1940 à la création d'un répertoire des hommes en âge de combattre, première étape vers la conscription. Le journal *The Gazette* se hâta de

Le centre de Montréal,
vu de l'intersection des rues
Peel et Wellington.

RAYNALD MURPHY SCA

demander son arrestation. Cela valut à notre maire de passer quatre ans dans des camps d'internement, mais ne l'empêcha pas de se faire élire député indépendant à Ottawa en 1947.

Henri Richard, joueur de hockey. Malgré sa petite taille, il fut un sacré bon hockeyeur, alors que j'étais petit, moi aussi, qui jouais comme un pied.

Pilote, chienne. La célèbre compagne de Lambert Closse est représentée avec son maître au pied du monument de Maisonneuve sur la Place d'Armes. Elle aurait imité les oies du Capitole en aboyant pour alerter la population lors d'une attaque iroquoise.

Marguerite d'Youville, fondatrice de la congrégation des Sœurs de la Charité de Montréal. À mon avis, elle a battu tous les records de sens de l'humour pour une religieuse. Des gens avaient commencé à traiter de «grises» les sœurs de sa congrégation parce qu'elles se comportaient parfois aussi bizarrement que si elles avaient été ivres, en allant, entre autres excentricités, prier sur le fleuve Saint-Laurent gelé. De plus, son mari (elle était veuve) avait fait le trafic de l'eau-de-vie avec les «sauvages». Elle décida d'adopter le nom de Sœurs grises. Pour semer la confusion chez les générations futures, elle a choisi pour ses religieuses un uniforme sans la moindre trace de gris.

Le marché Maisonneuve, rue Ontario à l'est du boulevard Pie IX, a été construit en 1914. Son marché public a été fermé dans les années 1960 pour ne rouvrir complètement qu'en 1995. De façon très appropriée pour un lieu où les agriculteurs viennent offrir leurs produits aux citadins, la sculpture d'Alfred Laliberté qui domine la fontaine s'intitule «La fermière».

RAYNALD MURRAY SCA

Réels ou sculptés, tous semblent absorbés par le spectacle de l'avenue McGill-College, avec le mont Royal et l'Université McGill en arrière-plan.

Après une retraite bien méritée, le remorqueur Daniel McAllister repose sur un berceau dans l'eau d'un bassin, face au Vieux Port.

RHYNALD MURPHY SCA

Nelson et Vauquelin

Pour la création de leurs monuments et bâtiments publics, les Montréalais ont souvent eu une tendance, qui me semble excessive, à chercher leurs exemples en Europe. La cathédrale catholique est une copie réduite de Saint-Pierre de Rome, l'anglicane imite une église anglaise, le château Dufresne se serait inspiré du Petit Trianon et notre hôtel de ville, de la mairie de Tours.

Mais il est aussi arrivé que les Montréalais prennent les devants sur leurs maîtres européens.

Combien de fois? C'est triste à dire, mais je ne connais qu'un cas : la colonne Nelson qui domine la place Jacques-Cartier.

Aucun Britannique en visite dans notre ville ne se laissera convaincre qu'elle a été érigée trente-trois ans plus tôt que celle de Trafalgar Square. C'est pourtant la stricte vérité.

La victoire de Nelson sur la flotte française près des côtes égyptiennes, en 1805, a été saluée avec une immense satisfaction par les Anglais de Montréal qui voyaient d'un mauvais œil la sympathie que certains Canadiens français manifestaient à l'égard de Napoléon Bonaparte, ce petit général capable, tant qu'il restait sur le plancher des vaches, de flanquer des raclées aux armées des alliés de la Grande-Bretagne.

On décida aussitôt d'ériger un monument à Nelson et de financer l'entreprise par une souscription publique. Même les Messieurs de Saint-Sulpice figurent sur la liste des principaux souscripteurs, car le clergé se méfiait de Napoléon, héritier de la Révolution française ennemie jurée de l'Église.

Depuis 1809, au sommet de sa colonne, Nelson, vêtu de son uniforme d'amiral, tient donc dans sa main gauche une lunette d'approche pour scruter l'horizon. (Ce serait d'ailleurs le plus ancien monument toujours en place à Montréal si la statue de l'amiral n'était pas une reproduction, l'originale étant maintenant exposée au Centre d'histoire de Montréal.)

Toujours est-il que les Montréalais francophones se sont sentis obligés de riposter. Mais avec une lenteur qui est tout à leur honneur.

En 1930, à la suite d'une souscription populaire, ils ont fait ériger tout près un monument à la mémoire de Jean Vauquelin, capitaine de navire français, qui s'était illustré lors de la défense de Louisbourg pendant la guerre de la Conquête. Il est vrai que Vauquelin avait perdu cette ultime bataille navale française au Canada, mais on doit reconnaître qu'il n'est pas facile pour les Québécois d'élever des monuments à leurs rarissimes militaires vainqueurs.

Au moins, Vauquelin, à l'encontre de Nelson, a survécu à la bataille.

Un vaincu survivant vaut bien un vainqueur décédé.

Deux marins s'affrontent dans le Vieux-Montréal: Nelson sur sa colonne de la place Jacques-Cartier, et Vauquelin sur son monument de la place Vauquelin.

La construction de la basilique Notre-Dame, sur la Place d'Armes, a été terminée en 1829. Son architecte, John O'Donnell, était new-yorkais et protestant. Il s'est toutefois converti, ce qui lui a valu d'être inhumé dans son œuvre.

Ouverte en 1876 et de style romano-byzantin, la chapelle Notre-Dame-de-Lourdes, sur la rue Sainte-Catherine à l'angle de Berri, est l'œuvre de l'architecte Napoléon Bourassa, père d'Henri, le fondateur du journal Le Devoir. *La Vierge dorée qui domine la façade extérieure a été érigée en 1904, pour commémorer le cinquantenaire de la proclamation du dogme de l'Immaculée-Conception.*

La rue Notre-Dame, près de l'avenue De Lorimier.

RAYNALD MURPHY SCA

L'oratoire Saint-Joseph

Ils sont deux millions, paraît-il,
À venir tous les ans dans notre ville
Pour visiter l'oratoire et implorer
Saint Joseph et le bienheureux frère André.
Pour de grosses fautes à vous faire pardonner
Ou de grandes faveurs à réclamer,
Montez les 283 marches à genoux.
Cela, soit dit franchement entre nous,
Devrait être plus qu'assez
Pour que vos prières soient exaucées.
Et moi qui vous parle ou plutôt vous écris
Je suis parfois tenté d'y aller moi aussi,
Car une cheville me cause bien des tourments
Surtout quand on annonce du mauvais temps.
Je songe alors à monter là-haut sur mes rotules,
Quitte à avoir l'air ridicule.
Mais jamais je ne m'y résoudrai.
Quelle horreur, si un miracle du frère André
Me transformait, moi, vieux mécréant
En croyant ou quelque chose d'approchant!

Un des lieux les plus fréquentés de Montréal: l'oratoire Saint-Joseph, sur le flanc nord du mont Royal, une initiative du frère André né Alfred Bessette et béatifié par Jean-Paul II en 1982. Son dôme serait le plus grand du monde, après celui de Saint-Pierre de Rome.

La Place d'Armes

Sans qu'on ait eu à me le dire, j'ai toujours su qu'une place d'armes est un lieu ayant un quelconque rapport avec les armes.

Dans le cas de notre place d'armes à nous, j'imaginais que ce rapport devait être lointain ou à tout le moins exagéré. Montréal a été envahi à quelques reprises, par les Français d'abord, puis par les Anglais, et encore par les Américains en 1775, mais cela s'est toujours fait sans qu'un coup de feu ne soit tiré.

Je m'étais donc dit que notre place d'armes n'avait jamais vu d'armes autres que celles des personnages représentés dans le monument de Paul Chomedey de Maisonneuve, fondateur de Montréal.

Je me trompais, car elle a bel et bien été un lieu où les soldats s'exerçaient au métier des armes.

Pas dès le tout début, car on l'a d'abord appelée Place de la Fabrique. Sans lien avec une quelconque manufacture, mais seulement avec la fabrique de l'église Notre-Dame, car c'est là que les sulpiciens, seigneurs de Montréal, faisaient la lecture des décrets et ordonnances.

C'était la deuxième place publique à Montréal, la première étant la Place Royale. En 1721, après un incendie autour de celle-ci, on a agrandi la Place de la Fabrique, les soldats ont commencé à y faire leurs manœuvres et on lui a donné son nouveau nom. C'est là que, en vertu d'une logique bien cartésienne, les régiments français ont déposé leurs armes au pied des officiers anglais, en septembre 1760.

C'est aussi là qu'on a installé en 1772 le premier monument érigé à Montréal après la Conquête : un buste de George III, roi d'Angleterre, qui disparut pendant l'occupation américaine et ne fut retrouvé que plusieurs décennies plus tard, dans un puits abandonné, pour aboutir éventuellement au Musée McCord.

En 1836, la ville acheta la Place d'Armes aux sulpiciens et la transforma en jardin victorien, avec une fontaine centrale, qui fut remplacée par la sculpture de Louis-Philippe Hébert représentant Maisonneuve entouré de Charles Lemoyne, d'un Iroquois, de Jeanne Mance soignant un enfant et de Lambert Closse avec sa chienne Pilote.

La Place d'Armes actuelle est le reflet des époques qu'elle a traversées, avec le vieux séminaire et l'église Notre-Dame d'un côté. En face, la Banque de Montréal rappelle que la rue Saint-Jacques était jadis l'équivalent canadien de Wall Street.

Du côté est, j'aime bien l'élégante architecture art nouveau de l'édifice Aldred, qui fut en 1930 un des premiers gratte-ciel de Montréal. J'apprécie moins le triste bâtiment des années 1960 du siège social de la Banque Nationale qui lui fait face. Cela ne m'empêche pas d'avoir un compte de cette banque, mais dans une autre succursale.

Au cœur du Vieux-Montréal, une calèche attend les touristes devant le monument de Maisonneuve, au centre de la Place d'Armes.

Détail du monument de la Place d'Armes : l'Iroquois représenté, de façon très conventionnelle, avec plumes, tomahawk, arc et flèches.

Vus de la rue Saint-Pierre, des murs lézardés et un escalier de secours.

Une des nombreuses preuves que Montréal mérite son surnom de ville aux cent clochers : ces deux églises sur le boulevard René-Lévesque, en face de Radio-Canada. Toutes deux catholiques, elles sont si proches l'une de l'autre qu'on a peine à croire qu'elles puissent relever de paroisses différentes : Saint-Pierre-Apôtre (à gauche) et Sainte-Brigide (à droite).

Jour de lessive sur le plateau Mont-Royal, dans une ruelle typiquement montréalaise, entre les rues Laval et Henri-Julien, au nord de Duluth.

RAYNALD MURPHY SCA

Aussi sur le plateau Mont-Royal et près du square Saint-Louis, la rue Henri-Julien et ses bâtiments victoriens.

Le Quartier latin

Mes premiers souvenirs du Quartier latin remontent au milieu des années cinquante, époque à laquelle ce quartier n'avait rien de latin.

Avec pour centre la rue Saint-Denis, entre la rue Sherbrooke et le boulevard Dorchester, il avait connu ses heures de gloire un siècle plus tôt, lorsque la bourgeoisie montréalaise s'y était établie dans de belles grandes demeures.

L'Université Laval de Montréal s'y était installée à son tour en 1879 et le Quartier latin méritait enfin son nom (à l'origine, l'expression désignait les alentours de l'université de Paris lorsque l'enseignement se donnait en latin). En 1919, naissait l'Université de Montréal avec des facultés de théologie, de droit et de médecine autour de l'École Polytechnique et de l'École des Hautes Études Commerciales.

D'autres bâtiments culturels se sont ajoutés, comme la bibliothèque Saint-Sulpice et le cinéma Saint-Denis. Quelques décennies plus tard, l'Université de Montréal déménageait sur le flanc du mont Royal et la bourgeoisie de la rue Saint-Denis, à Outremont. Les belles maisons se sont converties en maisons de chambres. Le Quartier latin s'est dégradé, et on aurait pu croire qu'il ne renaîtrait jamais de ses cendres.

Il le fit pourtant, au début des années soixante, avec la construction de l'Université du Québec à Montréal et l'ouverture du cégep du Vieux-Montréal. La bibliothèque Saint-Sulpice est devenue la Bibliothèque nationale du Québec. D'autres salles de cinéma se sont ajoutées, ainsi que la Cinémathèque québécoise, la robothèque de l'Office national du film, le centre Pierre-Péladeau, la nouvelle Grande Bibliothèque et un nombre incalculable de librairies d'occasion, de cafés-terrasses et de restaurants pour les jeunes de tous les pays qui arrivent à la gare d'autocars voisine avec leurs sacs à dos.

Mais à toutes ces images que m'offre ce Quartier latin moderne et bouillonnant d'activités, je préfère celle qu'on a croquée à la page suivante qui montre le buste de Pasteur et l'entrée de l'église Saint-Jacques.

On se croirait presque dans un Quartier latin du temps où on parlait latin.

Au cœur du Quartier Latin, le buste de Louis Pasteur, dans la petite place Pasteur, devant tout ce qui reste de l'église Saint-Jacques: son portail et son clocher.

Le château Ramezay

Nous avons, au Québec et au Canada, tendance à donner le nom de château à des bâtiments qui n'ont rien à voir avec Versailles ou Chenonceaux.

La plupart du temps, nos châteaux sont des hôtels construits pendant la première moitié du vingtième siècle par la compagnie des chemins de fer du Canadien Pacifique, désireuse d'encourager les gens à prendre le train et soucieuse de continuer à faire des sous avec ses clients à leur sortie de la gare.

Le château Ramezay fait exception, avec sa belle architecture typique de l'époque où Montréal était une ville fortifiée.

Claude de Ramezay, gouverneur de Montréal, l'a fait construire comme résidence en 1704. Vendu à la Compagnie des Indes, qui détenait le monopole des exportations de fourrures, le bâtiment a été agrandi en 1756. De nouveau résidence du gouverneur, puis quartier général militaire et palais de justice, il appartient à la ville de Montréal depuis 1895 et a été transformé en musée en 1929. Une tourelle, ajoutée en 1903, contribue à justifier l'appellation de château pour ce bel hôtel particulier.

Je me souviens d'avoir visité le musée quand j'étais enfant. Je l'ai revu avec mes enfants, une vingtaine d'années plus tard. Il m'a semblé n'avoir pas changé, avec ses vieux meubles et autres objets témoignant de l'histoire de Montréal depuis la préhistoire amérindienne.

Il faudra que j'y retourne avec mes petites-filles adolescentes.

Si l'idée de visiter un musée les rebute, je leur parlerai plutôt d'aller voir un château.

RAYNALD MURPHY SCA

Le Ritz-Carlton, à l'angle des rues Sherbrooke et Drummond, a longtemps été le plus prisé des hôtels montréalais. Et il ne manque toujours pas d'élégance.

Le plus vieux de nos châteaux : le château Ramezay, rue Notre-Dame, en face de l'hôtel de ville.

Montréal, vu du belvédère du mont Royal

RAYNALD MURPHY SCA

Sur le mont Royal, ce cimetière offre aux visiteurs de ses résidants une vue imprenable sur l'oratoire Saint-Joseph et le nord de la ville de Montréal, jusqu'à la ligne des Laurentides, à l'horizon.

Le lac aux Castors, sur le mont Royal, demeure un des endroits préférés des amateurs de pique-niques.

RAYNALD MURPHY SCA

La rue Sherbrooke

Le joyau architectural de l'est de la rue Sherbrooke, à l'angle du boulevard Pie IX: le château Dufresne, bâti par deux frères qui avaient fait fortune dans la fabrication de chaussures.

Les Montréalais ont la fâcheuse manie de donner le titre de boulevard (que *Le Petit Robert* définit pourtant comme une «rue très large, généralement plantée d'arbres») à des voies urbaines qui n'en sont pas. Le boulevard Saint-Laurent, par exemple, n'est ni large ni bordé d'arbres.

Par contre, la rue Sherbrooke est probablement celle qui ressemble le plus à un boulevard, mais elle est officiellement une simple rue.

Rien n'empêche que c'est, de toutes les rues et avenues de Montréal, ma préférée, et de loin. Elle évoque même, dans ses plus beaux secteurs, les grands boulevards européens. De plus, elle rassemble, sur ses quelque trente kilomètres, un bon échantillon de ce que Montréal a de mieux à offrir — et un peu aussi de ce qu'il a de pire.

Je l'ai souvent fréquentée, pour différentes raisons, généralement louables. Éducatives, en me rendant à l'externat Sainte-Croix (aujourd'hui cégep Maisonneuve), à l'école des beaux-arts ou à l'Université McGill. Sportives, comme spectateur des Jeux olympiques au stade du même nom ou des matches de nos équipes disparues (le Manic et les Expos), ou lorsque j'empruntais la piste cyclable qui la longe en certains endroits ou courais autour du parc La Fontaine. Culturelles, avec la bibliothèque centrale de la ville de Montréal, le Musée des beaux-arts, le château Dufresne et le Musée McCord. Gastronomiques, car on y trouve plusieurs restaurants, de qualité fort inégale, mais mes goûts et mon budget ont aussi leurs hauts et leurs bas. Horticoles, bien sûr, lors de mes visites au Jardin botanique. Politiques, comme à l'occasion de la manifestation réclamant la francisation de l'Université McGill en je ne sais plus quelle année. Ou tout simplement pratiques, la rue Sherbrooke étant une artère indispensable à de nombreux déplacements (quand j'étais jeune, avant la construction de l'autoroute Métropolitaine, c'était le chemin que mon père empruntait lorsque nous allions voir mes frères, pensionnaires au collège de L'Assomption).

La rue Sherbrooke n'est pas, comme certaines personnes peuvent le croire, l'artère la plus longue de l'île de Montréal. Ce titre revient au boulevard Gouin, qui fait une cinquantaine de kilomètres le long de la rivière des Prairies. La rue Sherbrooke commence, comme lui, à l'extrémité orientale de l'île, mais s'arrête à l'avenue Westminster, à Montréal-Ouest.

Dans sa partie est, elle n'est guère intéressante, offrant parfois quelques paysages quasiment champêtres, mais longeant de façon plus évidente les raffineries de pétrole et les carrières abandonnées. Un peu plus à l'ouest, ça se gâte franchement : elle est bordée de commerces aux enseignes criardes comme on en trouve dans les plus vilaines banlieues d'Amérique. Dans le voisinage du village olympique, il y a un répit, avec le Jardin botanique, le parc Maisonneuve, les installations olympiques et le château Dufresne. Ensuite, la rue Sherbrooke se fait plutôt banale, longeant des habitations et des commerces, jusqu'au parc La Fontaine, mon préféré, en face de l'hôpital Notre-Dame (où je suis né, en 1941).

À l'approche du centre-ville, les immeubles qui la bordent gagnent en hauteur. Mais c'est à l'ouest de la rue University qu'elle mériterait le plus son titre de boulevard, là où elle passe devant l'Université McGill, des musées, des galeries d'art, des appartements élégants, le Ritz-Carlton, le grand séminaire, le collège de Montréal et l'ancienne maison-mère des Sœurs grises devenue collège Dawson.

À Westmount, la rue Sherbrooke conserve un certain chic, malgré la fatigue apparente de certains vieux immeubles résidentiels. Elle longe le parc Westmount et les jolies serres de cette ville cossue. Dans le quartier Notre-Dame-de-Grâce, après avoir franchi l'autoroute Décarie, elle redevient prolétaire. Avant de disparaître, elle traverse le campus Loyola de l'université Concordia, dont le nom rappelle son ancienne vocation de collège anglophone des jésuites.

À mon avis, si vous n'avez le temps de voir qu'une seule rue à Montréal, ce devrait être celle-là, car c'est la plus représentative de notre ville, avec ses beautés et ses laideurs.

Et si jamais vous décidez de fonder le MDRSNB (Mouvement pour Donner à la Rue Sherbrooke le Nom de Boulevard), vous pouvez compter sur mon appui inconditionnel.

Le Musée des beaux-arts de Montréal occupe maintenant les deux côtés de la rue Sherbrooke. Le pavillon principal, du côté nord, est toujours le plus impressionnant.

Perspective vers l'est de la rue Sherbrooke, devant le Musée des beaux-arts.

Le Musée McCord d'histoire canadienne, à l'angle des rues Sherbrooke et University, possède de riches collections d'objets anciens, amérindiens ou québécois, ainsi que les archives photographiques Notman.

Les sulpiciens

Je me demande parfois comment s'y sont pris les sulpiciens pour qu'on parle si peu d'eux alors qu'ils ont eu une telle importance dans l'histoire de Montréal. Ils pourraient donner des leçons de discrétion même à l'Opus Dei. J'espère qu'ils ne m'en voudront pas de livrer ici un résumé de ce que j'ai appris à leur sujet.

C'est Martin Luther qui est à l'origine de tout. Même que, sans lui, l'histoire de Montréal aurait pu être fort différente.

Pour bien comprendre l'origine de l'ordre des sulpiciens, il faut en effet remonter au concile de Trente qui avait conclu que, pour contrer la Réforme protestante, il était indispensable d'améliorer la formation des prêtres catholiques.

Cela poussa Jean-Jacques Olier à fonder en 1641, à Vaugirard, une maison pour préparer les jeunes hommes au sacerdoce. Nommé quelques mois plus tard curé de la paroisse Saint-Sulpice, Olier déménagea sa petite communauté à Paris. Dès lors, ses prêtres formateurs de prêtres portèrent le nom de Messieurs de Saint-Sulpice ou plus simplement de sulpiciens.

En 1641, Olier a aussi été un des fondateurs de la Société de Notre-Dame de Montréal qui se donnait comme objectif d'établir une colonie à Ville-Marie. En 1657, peu avant sa mort, Olier envoya quatre sulpiciens à Montréal pour fonder une paroisse en bonne et due forme et prendre le relais des missionnaires jésuites, qui eurent le loisir d'aller se faire martyriser ailleurs s'ils en avaient envie.

Six ans plus tard, la Société de Notre-Dame croulait sous les dettes. Monsieur de Bretonvilliers, successeur d'Olier, disposait d'une fortune familiale imposante. Moyennant le paiement de 130 000 livres pour rembourser les créanciers, la Compagnie de Saint-Sulpice devint propriétaire de la seigneurie de Montréal (et le resta jusqu'à l'abolition du régime seigneurial). À ce titre, elle assumait l'administration de la ville — exercice de la justice, nomination du gouverneur, services essentiels et perception des taxes.

En 1672, le supérieur des sulpiciens, François Dollier de Casson, dressait le plan qui sera la base du développement urbain de Montréal : une grille plutôt orthogonale, à l'exception de la rue Saint-Paul.

On construisit un premier séminaire qui servit de résidence aux prêtres. Puis un second, celui qu'on appelle maintenant le vieux séminaire, à côté de l'église Notre-Dame, et où les sulpiciens logent depuis 1687. Il s'agit du plus ancien bâtiment du Vieux-Montréal.

Les sulpiciens ont construit six églises catholiques (dont la basilique Notre-Dame et une église anglophone, St. Patrick) et pris en charge les chapelles Notre-Dame-de-Bonsecours et Notre-Dame-de-Lourdes. Ils se sont impliqués dans l'enseignement, du primaire au collégial (collèges de Montréal et André-Grasset). Ils sont même à l'origine de la création de l'Université de Montréal.

Ils ont aussi fondé une bibliothèque, l'Œuvre des bons livres. Celle-ci fut bientôt incapable de répondre à la demande de lecture des habitants d'une ville en croissance rapide. À tel point que le richissime Andrew Carnegie offrit 150 000$ pour la création d'une nouvelle bibliothèque. Sous la pression des Messieurs de Saint-Sulpice, l'offre fut rejetée, et les Montréalais durent attendre 1915 avant de disposer, avec la bibliothèque Saint-Sulpice évidemment financée par les sulpiciens, d'un édifice abritant une collection de 80 000 ouvrages.

En 1931, la Crise économique força l'ordre de Saint-Sulpice, qui n'avait plus les moyens de payer ses impôts, à vendre les murs de la bibliothèque au gouvernement canadien. Celui-ci la rendit vingt ans plus tard au gouvernement du Québec, heureux de la transformer en Bibliothèque nationale en attendant la Grande Bibliothèque de 2005.

Mais c'est en 1840 qu'Olier dut gigoter de joie dans sa tombe, lorsque Mgr Bourget confia aux sulpiciens la tâche de fonder le grand séminaire de Montréal. Après être passés à un cheveu de raser le vieux séminaire pour construire le nouveau au même endroit, les sulpiciens ont opté pour un terrain qui leur appartenait, rue Sherbrooke, à l'ouest de la Côte-des-Neiges.

On a formé là — grâce à Olier et au grand dam de Luther — 6 000 prêtres catholiques.

Rue Sherbrooke, sur les terrains du grand séminaire de Montréal, on peut voir une des deux tours qui sont les derniers vestiges de l'ancien fort de la Montagne construit au dix-septième siècle.

RAYNALD MURPHY SCA

Smoked meat

Que nous envie-t-on le plus, aux États-Unis ?
Pas le Festival de jazz, ni les Francofolies.
Même pas notre orchestre symphonique,
Ni notre coûteux stade olympique.
Quant aux Expos que jadis nous avions,
Ils avaient rarement l'étoffe des champions.
Les Canadiens ont fait plus de jaloux,
Mais aux États-Unis, le hockey n'a pas partout
Autant d'importance que chez nous.
Et le cardinal Léger, demandez-vous ?
Allons donc, tout le monde n'est pas catholique.
Jean Drapeau ? Il n'était pas que sympathique.
Puisqu'il le faut, je vous accorde un indice
Pour mettre fin à ce petit supplice :
C'est une chose qui se mange, un plat délicieux,
Chez Ben, chez Schwartz et en bien d'autres lieux.
Vous ne trouvez toujours pas ?
Puisque vous jetez votre langue au chat,
Je vais vous donner la réponse, et je sais
Que vous allez dire «J'aurais dû y penser»,
Parce que ce délice à la limite du mythe
C'est notre humble, notre bon vieux smoked meat.

Le plus ancien bâtiment du Vieux-Montréal : le vieux séminaire Saint-Sulpice, sur la Place d'Armes.

La température idéale

Permettez-moi de reprendre ici, sans en changer un iota, une page que j'ai écrite dans le texte de présentation d'un album de photos de Montréal par Mia et Klaus, publié en 1983 aux Éditions Libre Expression et intitulé *Montréal.* Je n'ose même pas vérifier les chiffres cités, car il est très probable qu'ils ne sont plus à jour, ce qui mettrait à mal la conclusion de cette histoire.

«Aux Montréalais ronchonneurs, plus portés à remarquer la pluie que le beau temps, et aux touristes qui ont la fâcheuse tendance d'arriver ici au beau milieu d'un orage ou d'une tempête de neige, nous sommes ravis d'apporter des preuves irréfutables que le climat de notre ville est le plus équilibré qui se puisse trouver.

«Songez, par exemple, qu'à 45°30' de latitude Nord, Montréal est au sud de Paris, Londres et Berlin — et à la même latitude que Bordeaux et Venise, villes au climat éminemment tempéré.

«Vous n'êtes pas ébranlé?

«Eh bien, sachez que Montréal bénéficie d'une fraction moyenne de l'insolation possible de 49%.

«Vous ne saisissez peut-être pas toutes les implications de ce chiffre. Permettez-moi de vous les expliquer.

«Il y a tous les ans, à Montréal comme en tout point du globe, une moyenne quotidienne de douze heures de jour et douze heures de nuit. Une FMIP de 49% signifie que, pendant 12 heures de jour, il y a 49% de beau temps et 51% de temps couvert. Montréal a donc de quoi satisfaire également l'amateur de soleil et le passionné de nuages.

«Ces 49% de FMIP signifient aussi qu'il fait chez nous en moyenne soleil pendant six heures moins quelques petites minutes chaque jour. À Paris, il ne fait soleil que cinq heures par jour. (Bien sûr, Marseille jouit d'une insolation quotidienne moyenne de huit heures. Mais un soleil excessif rend les gens paresseux et peut avoir sur la santé des conséquences catastrophiques.)

«Autre preuve de l'équilibre climatique montréalais: la première gelée y a lieu en moyenne le 23 octobre et la dernière, le 22 avril. Ce qui revient — à un jour près! — à six mois sans gelée et six mois avec.

«Mais la preuve la plus incontestable que le climat de Montréal est parfaitement équilibré, on la trouve dans les *Normales climatiques de 1951 à 1980*, publiées par Environnement Canada.

«Pendant ces 30 années, la moyenne des températures annuelles maximales a été de 37,8°C.

«Devinez quelle a été la moyenne des températures annuelles minimales pendant la même période? - 37,8°C, très exactement.

«Il y a des chiffres qui ne mentent pas: Montréal a bel et bien la température la plus équilibrée qui soit sur notre planète et peut-être même dans tout l'univers.»

Triomphe de la culture sur la finance: le théâtre Centaur, où on joue des pièces en anglais dans un immeuble qui fut jadis celui de la Bourse de Montréal, rue Saint-François-Xavier.

Mes universités

J'ai fréquenté, d'une manière ou d'une autre, presque toutes les universités de Montréal.

D'abord, l'Université de Montréal. À la sortie du collège classique, j'avais pourtant décidé de m'inscrire à l'école des beaux-arts. Mon oncle Marc-Aurèle Fortin était peintre et cela me semblait être une profession aussi convenable que les choix de mes condisciples qui préféraient la médecine, l'art dentaire ou le droit. Je me souviens qu'en arrivant pour l'inscription, aux coins des rues Sherbrooke et Saint-Urbain, on m'avait d'abord demandé quel diplôme je possédais. Dès que j'eus annoncé que j'avais un baccalauréat ès arts, on a tenté de me diriger vers la porte d'à côté, où se trouvait l'école d'architecture, plus digne d'un bachelier. Il a fallu que j'insiste pour qu'on m'accepte comme aspirant artiste.

Après quelques mois aux beaux-arts, je suis tombé amoureux d'une jeune fille. Les cinq années du cours m'ont tout à coup paru bien longues pour quiconque espère se marier, avoir des enfants et gagner sa vie dans un avenir pas trop éloigné. Un copain m'a fait savoir qu'en une année seulement je pourrais obtenir une maîtrise en littérature française à l'Université de Montréal. Je me recyclai donc en homme de lettres et j'avais mon diplôme un an plus tard, tel qu'espéré. Mon mariage s'étant terminé de façon prématurée, j'ai décidé de continuer mes études. Mais il y avait un os : la faculté des arts laissait tomber le système maîtrise-Ph.D. pour lui substituer la séquence licence-doctorat.

Je fus donc forcé de m'inscrire, avec trois ou quatre camarades dans la même situation, à l'Université McGill, qui offrait un Ph.D. en littérature française.

J'ai aussitôt trouvé très amusant de créer une cellule du Rassemblement pour l'Indépendance Nationale dans ce bastion anglophone. Au *McGill Daily*, on accepta sans sourciller ma petite annonce en français. Un seul étudiant y a répondu, juste au moment où je quittais McGill. En effet, les études de littérature française dans cette université attiraient surtout des non-francophones pour qui la littérature française était quelque chose d'exotique et non une raison de vivre pour l'aspirant écrivain que je croyais être.

Je me suis plutôt lancé sur le marché du travail et suis éventuellement devenu rédacteur publicitaire, ce qui a considérablement retardé ma carrière littéraire.

Je garde un vif souvenir d'une manifestation réclamant la francisation de l'Université McGill. Un homme d'une trentaine d'années s'était faufilé parmi

Le pavillon principal de l'Université de Montréal, œuvre de l'architecte Ernest Cormier, vu de la rue Jean-Brillant.

les manifestants, convaincu que ses cheveux courts et son trench-coat le rendraient parfaitement invisible et que personne ne le soupçonnerait d'être un agent de la Gendarmerie royale du Canada. Il se trompait. Les manifestants ont fait cercle autour de lui en scandant «niai-seux, niai-seux, niai-seux !» Je ne sais pas si l'agent comprenait le français, mais je n'ai jamais vu un visage aussi rouge que le sien.

Quelques années plus tard, l'Université Concordia, anglophone, et l'Université du Québec à Montréal, francophone, étaient fondées.

À Concordia, j'ai remplacé deux soirs un ami écrivain anglophone qui devait s'absenter pour je ne sais quel événement littéraire et avait besoin d'un remplaçant pour un cours sur la rédaction publicitaire. J'ai pu présenter mon cours en français et j'ai eu la nette impression que la majorité des étudiants comprenaient ce que je leur disais la plupart du temps.

À l'UQÀM, je n'ai ni étudié ni donné de cours. Mais j'ai, au fil des ans, connu quelques dizaines de ses professeurs et de ses diplômés et autant, sinon plus, de ses décrocheurs.

La monumentale porte Roddick, à l'entrée de l'Université McGill, rue Sherbrooke, au bout de l'avenue McGill-College.

Devant la faculté de musique de l'Université McGill, les étudiants fraternisent sous le regard de la reine Victoria.

Toujours à l'Université McGill :
le musée Redpath
et l'édifice Morrice.

Le parc de la Visitation

Le parc s'appelle officiellement « parc-nature de l'Île-de-la-Visitation». Et je dois reconnaître que c'est un de nos parcs les plus agréables à fréquenter, surtout dans sa partie insulaire, bien que celle-ci soit quelque peu gâchée par la centrale hydroélectrique Rivière-des-Prairies, aménagée en 1928 et affichant maintenant une allure ultramoderne. Son barrage contient, dit-on, une trappe à poissons, ce qui en fait un lieu de prédilection pour la pêche à l'alose, espèce qui prolifère dans les eaux de la rivière à la période de frai.

Je suis allé y faire un tour alors que cette pêche battait son plein, en aval du barrage. J'ai vu, ce jour-là, un nombre considérable de pêcheurs, mais pas un seul poisson.

Pour sa part, l'église de la Visitation (rappelant la visite faite par la Vierge Marie à sainte Élisabeth alors enceinte de saint Jean-Baptiste, futur patron des Canadiens français) est la plus ancienne église qui subsiste dans l'île de Montréal. Terminée en 1752, elle a été considérablement remaniée à cause de la concurrence que la paroisse de la Visitation livrait à la paroisse Sainte-Geneviève, sa voisine.

J'ai lu quelque part que l'intérieur de l'église de la Visitation présente un des ensembles les plus remarquables de sculpture sur bois au Québec.

Depuis, j'espère qu'un de mes amis aura la bonne idée d'y faire célébrer ses funérailles, pour me donner l'occasion d'admirer à loisir le décor. Mais soit qu'ils aient décidé de me survivre, soit que les services religieux leur répugnent autant qu'à moi, aucun de mes amis ne m'a encore donné cette chance.

La plus ancienne église de l'île de Montréal : Notre-Dame-de-la-Visitation, vue du parc de l'Île-de-la-Visitation, dans la rivière des Prairies.

On dit qu'autrefois les pilotes et les capitaines réglaient leur montre en passant devant l'horloge de la tour du quai Victoria.

Une des occupations les plus inattendues qu'on puisse pratiquer dans une grande ville : la pêche à l'esturgeon dans le fleuve Saint-Laurent, entre le parc de la Cité-du-Havre et le quai Victoria.

RAYNALD
MURPHY SCA

Devant l'ancienne gare Viger, ce beau bâtiment de brique jaune porte le nom d'édifice Gilles-Hocquart. Après avoir logé l'École des Hautes Études commerciales, puis le collège Dawson, il abrite une partie des archives du Québec.

La gare Windsor

Le Canada a toujours été un pays immense, relativement peu peuplé. On pourrait croire qu'un seul et unique réseau de chemins de fer lui aurait amplement suffi.

Eh bien, non! Nous avons eu plusieurs sociétés ferroviaires, qui ont fini par se fusionner pour n'en former plus que deux — le Canadien Pacifique et le Canadien National. Ces dernières se sont, pendant la majeure partie du vingtième siècle, partagé le trafic des voyageurs autant que des marchandises.

Il aurait été trop simple qu'elles utilisent les mêmes voies et les mêmes gares. Montréal avait donc deux gares de voyageurs, presque voisines, au centre-ville : la gare Centrale, du CN, et la gare Windsor, du CP.

Dans les années 1970, on a enfin eu l'idée de confier tous les services ferroviaires pour voyageurs à une seule société, Via Rail. Cela rendait désormais inutile une des deux gares du centre de Montréal. Devinez laquelle on a fermée? La plus belle, ou la plus moderne?

La plus belle, évidemment. Aucun train ne se rend plus jamais à la gare Windsor, suprême déchéance pour cet immeuble magnifique, qui sert maintenant d'édifice à bureaux. Mais elle mérite encore une visite, quand bien même ce ne serait que pour sa lumineuse salle des pas perdus qui date de 1913, alors que les sections les plus anciennes du bâtiment datent de 1887 (en 1909, un train incapable de s'arrêter là où il aurait dû avait causé six décès et des dégâts matériels considérables).

Le Canadien Pacifique, selon son habitude, a jumelé sa gare à un hôtel : l'hôtel Windsor. On peut s'étonner qu'il ne l'ait pas, à l'instar de ses hôtels de

Québec, d'Ottawa et d'autres villes, appelé Château Windsor. Peut-être cela aurait-il été considéré comme un crime de lèse-majesté par la famille royale britannique, propriétaire du vrai château de Windsor?

Rappelons qu'en 1881, l'écrivain américain Mark Twain, regardant par la fenêtre de sa chambre de l'hôtel Windsor, remarqua les nombreux clochers d'églises qui se détachaient dans le ciel. Cela lui inspira sa plus célèbre boutade montréalaise : on ne peut lancer une brique dans cette ville sans briser un vitrail.

L'humoriste rirait-il s'il apprenait que la partie de l'hôtel où était sa chambre est disparue depuis plus d'un siècle, alors que les vitraux fragiles des églises environnantes sont presque tous intacts? Il serait au moins forcé de reconnaître que les Montréalais préfèrent manier la boule du démolisseur plutôt que de lancer des briques.

Je me demande lequel est, des deux, le pire défaut.

La tour de la vieille gare Windsor, à l'angle des rues de La Gauchetière et Peel.

Rue de La Gauchetière, l'entrée de la gare Windsor sous la neige.

La rue X

Mon père m'a raconté l'anecdote qui suit en me jurant qu'elle était authentique. Et j'ai entendu ce récit à quelques reprises de la bouche d'autres personnes. Cela devrait me rassurer sur sa véracité. Au contraire : le nom de la rue où se serait produit l'événement change selon les différentes versions.

Celle que je préfère malgré tout, c'est l'histoire telle que mon père la racontait et qui identifiait cette rue X comme étant la rue Chaboillez. La voici…

En je ne sais trop quelle année du dix-neuvième siècle, un cheval, sans doute usé par une vie de dur labeur, mourut au milieu de la rue Chaboillez.

Le charretier fit alerter la police, et un brave agent s'amena pour dresser le procès-verbal.

Constatant que le cheval était mort dans la rue Chaboillez, le policier demanda aux témoins comment épeler ce nom. Il n'y avait pas, à cette époque, de plaques pour identifier les rues. La ville n'était pas très grande et tous les Montréalais en connaissaient les noms, même si peu d'entre eux pouvaient les épeler.

Après plusieurs hypothèses contradictoires — Chaboyer, Chat Boillé, Shah Bouhaillay —, l'agent en arriva à la conclusion que personne n'était vraiment certain de la manière dont il convenait d'écrire le nom de cette rue.

Pour régler ce problème délicat, le futé représentant de la loi fit déplacer le cheval sur la rue Vitré, toute proche, où le procès-verbal fut dressé sans autre délai ni complication orthographique.

Une version de cette légende urbaine confie à l'homme fort Louis Cyr, qui était agent de police, la tâche d'avoir lui-même porté le cheval jusqu'à la rue Notre-Dame.

La rue Chaboillez n'existe plus. J'ai d'abord cru qu'elle avait disparu à cause des difficultés orthographiques qu'elle présentait à la force policière montréalaise.

Je me suis ravisé en constatant qu'il existe encore à Montréal un square Chaboillez.

John Young

La devise de Montréal, Concordia salus, signifie «le salut par la concorde», et nos armoiries rendent hommage aux peuples qui ont le plus participé à l'histoire et au développement de notre ville. On y voit en effet le lys, la rose, le trèfle et le chardon, évoquant respectivement la France, l'Angleterre, l'Irlande et l'Écosse. Pour la France et l'Angleterre, le choix va de soi. Et l'Irlande n'a-t-elle pas fourni la main-d'œuvre nécessaire pour construire le canal Lachine et le pont Victoria? Mais que diable l'Écosse vient-elle faire dans nos armoiries?

La réponse est simple : sans se faire remarquer plus que nécessaire, les Écossais ont joué un rôle crucial dans le développement de Montréal. Par exemple, la première agence de publicité pour laquelle j'ai travaillé, dans ma jeune vingtaine, et qui était alors la plus grande à Montréal, portait le nom de ses deux fondateurs écossais, messieurs Cockfield et Brown. Leur agence a fait faillite quelques années après que je l'eus quittée (pas à cause de mon départ, soit dit sans fausse modestie), mais si ces deux messieurs avaient connu une telle réussite, c'était un peu grâce à leurs compatriotes qui, mine de rien, tenaient le haut du pavé dans la vie économique montréalaise.

De nombreux Écossais ont d'ailleurs laissé leur nom à de grandes institutions et commerces de notre ville : Ogilvie, McDonald, Stewart, McGill, McTavish, McCord, Redpath et Dawson pour ne nommer que ceux-là.

À John Young, on a consacré l'imposant monument qui rappelle son existence, à la Pointe-à-Callières, là où Ville-Marie s'est installée à ses débuts. Je me suis d'abord étonné qu'on rende hommage en cet endroit à un entrepreneur écossais plutôt qu'à un des fondateurs de notre ville, mais j'ai compris pourquoi quand j'en ai su davantage à son sujet.

Né en 1811, John Young a débarqué à Montréal une vingtaine d'années plus tard et s'est trouvé un emploi chez un négociant en gros. Rapidement, il s'est lancé dans diverses entreprises, en particulier dans

Monument de John Young, devant la Place Royale, première place publique de Montréal.

la jeune industrie des chemins de fer. Conscient de l'importance de prolonger la voie ferrée du port de Montréal vers la rive-sud, il recommandait dès 1845 la construction d'un pont au-dessus du fleuve. C'est donc à lui que nous devons le pont Victoria, inauguré en 1860 par le prince de Galles, fils de la reine Victoria et futur Édouard VII.

Président de la Commission du havre de 1853 à 1866, Young fit améliorer la navigation sur le Saint-Laurent grâce au dragage et à plusieurs autres initiatives. Il eut même l'idée, dès 1874, de construire un autre pont sur le Saint-Laurent, bien à l'est du pont Victoria. Il fallut cinquante ans à la Commission pour entreprendre la construction du pont du Havre, ouvert à la circulation en 1930 (et rebaptisé Jacques-Cartier quatre ans plus tard, pour célébrer le quatre-centième anniversaire de la découverte du Canada par le navigateur français).

Mais revenons au monument de John Young. Il est l'œuvre de Louis-Philippe Hébert, qui l'a représenté debout, les bras croisés, en homme visionnaire et déterminé, dominant une figure allégorique représentant le dieu Fleuve.

Avant son décès en 1878, John Young avait réussi à accumuler une fortune considérable. Mais de mauvais placements, notamment dans un projet de télégraphe transatlantique, lui firent perdre beaucoup d'argent et le plongèrent dans la gêne.

S'il est bon d'être visionnaire, sans doute vaut-il mieux l'être avec modération.

Rue McGill, à l'angle de la place d'Youville, une ancienne caserne de pompiers (à gauche) a été recyclée en musée : le Centre d'histoire de Montréal.

Place d'Youville, derrière le Centre d'histoire de Montréal, un obélisque rend hommage aux fondateurs de la ville (on y trouve la liste de tous ceux qui s'établirent à Ville-Marie en 1642 ainsi que les noms de leurs commanditaires restés en France). La margelle rappelle que Jacques Archambault creusa près de là le premier puits en 1658, à la demande de Paul Chomedey de Maisonneuve.

Des touristes en calèche traversent la place d'Youville sous le regard indifférent de clients attablés à la terrasse d'un restaurant.

La caserne des pompiers, sous la bibliothèque de la Petite-Patrie, à l'angle de la rue Saint-Zotique et de l'avenue De Lorimier.

La bibliothèque de la rue Saint-Zotique

De sept à dix-huit ans, j'ai vécu dans le quartier Rosemont, rue des Écores, entre les rues Beaubien et Saint-Zotique.

Mon plus beau souvenir de cette époque? J'habitais à quelques centaines de mètres de la première bibliothèque publique que j'ai fréquentée assidûment. Elle était située au dernier étage d'un imposant immeuble de brique jaune, rue Saint-Zotique, à l'angle de l'avenue De Lorimier. Construit en 1931, ce bâtiment polyvalent a accueilli au fil des ans une salle de bal, un dispensaire et d'autres services municipaux. À l'origine, il devait abriter une caserne de pompiers et un poste de police. Malgré l'inscription «Poste de police» coulée dans le béton de la façade au coin de la rue, seuls les pompiers s'y sont installés. Aujourd'hui, on y trouve la bibliothèque et la maison de la culture La Petite-Patrie ainsi que la caserne de pompiers qui n'a jamais bougé.

Lorsque j'ai fréquenté la bibliothèque dans les années cinquante, on ne se préoccupait guère de l'accessibilité pour handicapés, et il fallait gravir un escalier interminable pour atteindre les livres.

Mais cette ascension valait le coup pour un gamin comme moi. Non que j'aie été privé de livres — mon père ayant été libraire, nous en avions des milliers à la maison. Il me manquait tout simplement une denrée dont je raffolais pour la simple raison qu'on m'en privait: des bandes dessinées. C'est là que j'ai lu mes premiers *Tintin* (mes préférés, à cette époque où on commençait à parler d'exploration lunaire : *Destination lune* et *On a marché sur la lune*). Mais j'y ai découvert avec plus de plaisir encore ces ancêtres de la B.D. que furent *Le savant Cosinus* et *La famille Camembert*.

Je croyais me rappeler qu'il y avait 117 marches à gravir pour me rendre jusqu'en haut. Il faut croire que le temps amplifie les souvenirs, puisque je suis allé vérifier, l'autre jour: il n'y en a que 58. Et il y a maintenant un ascenseur et une rampe pour handicapés. On n'arrête pas le progrès!

De plus, l'entrée de la bibliothèque n'est plus sur la rue Saint-Zotique, mais sur l'avenue De Lorimier.

Il n'empêche qu'elle restera toujours pour moi la bibliothèque de la rue Saint-Zotique. Et j'ai envers elle une double dette de reconnaissance. D'abord, elle m'a fait découvrir des trésors de livres qui, par le fait même que nous ne les avions pas à la maison, avaient tout l'attrait de l'interdit. Et, plus récemment, elle m'a permis de combler la lettre Z pour mettre le point final à ce livre.

RAYNALD-MURPHY SCA

Raynald Murphy a une passion : l'aquarelle, qu'il pratique sur le motif, en plein air, aux quatre coins du Québec — et surtout à Montréal, où il a toujours vécu. Diplômé en arts de l'Université Concordia, il a enseigné pendant plus de trente ans aux élèves de la Commission des écoles catholiques de Montréal, et offre toujours des cours, ateliers et démonstrations d'aquarelle.

Membre de la Société canadienne de l'aquarelle, il apporte régulièrement son concours à la revue *L'Aquarelliste*. Ses œuvres lui ont valu plusieurs prix importants.

Photo: Martine Doyon

François Barcelo est l'auteur d'une cinquantaine de livres : romans littéraires, albums pour tout-petits, essais, polars, récits pour les jeunes. Il a été le premier Québécois publié dans la Série Noire. Et aussi le premier récipiendaire du prix TD de littérature jeunesse. Né et élevé à Montréal, il habite depuis quelques années à Saint-Antoine-sur-Richelieu.

Dans cette collection, il est l'auteur de *Carnets de campagne*, illustré par Jean-Paul Ladouceur.